AF565731

Stephan Franke

Leben im alten Kassel

Mit Fotografien von Carl Eberth (Stadtarchiv Kassel)

Wartberg Verlag

Bildnachweis

Alle Bilder stammen aus dem Stadtarchiv Kassel, Bestand Carl Eberth.

Bildsignaturen mit Seitenverweis: 0.501.826 (Umschlagvorderseite), 0.503.400 (Umschagrückseite), 0.550.145 (5 o.), 0.502.356 (5 u.), 0.501.235 (6), 0.500.887 (7), 0.500.616 (8 o.), 0.508.430 (8 u.), 0.552.327 (9), 0.501.353 (10), 0.510.273 (11), 0.503.400 (12), 0.502.622 (13), 0.501.519 (14), 0.508.121 (15), 0.503.401 (16), 0.506.373 (17), 0.512.271 (18), 0.519.271 (19), 0.507.361 (20), 0.509.949 (21), 0.527.798 (22), 0.507.528 (23 o.), 0.549.829 (23 u.), 0.542.056 (24), 0.542.059 (25), 0.500.005 (26), 0.511.594 (27), 0.528.564 (28), 0.510.174 (29), 0.530.189 (30), 0.500.788 (31), 0.512.782 (32), 0.509.716 (33), 0.515.703 (34), 0.514.520 (35), 0.511.304 (36), 0.528.227 (37), 0.521.426 (38), 0.517.911 (39), 0.510.021 (40), 0.518.228 (41), 0.500.292 (42), 0.500.871 (43), 0.517.512 (44), 0.512.250 (45 o.), 0.502.354 (45 u.), 0.503.684 (46), 0.513.500 (47), 0.520.753 (48), 0.500.895 (49), 0.517.974 (50), 0.510.398 (51), 0.517.215 (52), 0.517.107 (53), 0.510.024 (54), 0.513.347 (55), 0.501.997 (56), 0.513.278 (57), 0.505.697 (58), 0.505.695 (59), 0.508.767 (60), 0.520.672 (61), 0.504.383 (62), 0.504.398 (63), 0.515.471 (64), 0.519.013 (65), 0.507.322 (66), 0.507.402 (67), 0.500.066 (68), 0.549.851 (69), 0.550.422 (70 l.), 0.520.716 (70 r.), 0.517.853 (71), 0.504.655 (72), 0.511.763 (73), 0.501.536 (74), 0.513.268 (75 o.), 0.504.674 (75 u.), 0.543.017 (76), 0.507.457 (77), 0.502.966 (78), 0.521.384 (79), 0.528.485 (80), 0.501.942 (81), 0.503.505 (82), 510.084 (83 o.), 510.085 (83 u.), 0.511.168 (84), 0.520.324 (85), 0.501.947 (86), 0.541.357 (87), 0.500.326 (88), 0.548.857 (89), 0.511.927 (90), 0.552.228 (91), 0.521.970 (92), 0.510.016 (93), 0.521.488 (94 l.), 0.521.499 (94 r.), 0.517.863 (95).

Titelbild: Ein Knotenpunkt des Verkehrs: aus der Altstadt in den Kasseler Osten und aus Kassel hinaus, die Fuldabrücke um 1935.
Umschlagrückseite: Eisläufer auf der Fulda vor Rondell und Justizpalast um 1930.

1. Auflage 2018

Layout und Satz: Christiane Zay, Potsdam
Druck: Media-Print Informationstechnologie GmbH, Paderborn
Buchbinderische Verarbeitung: S. R. Büge, Celle

34281 Gudensberg-Gleichen, Im Wiesental 1
Telefon: (0 56 03) 930 50
www.wartberg-verlag.de
ISBN 978-3-8313-2266-4

Inhalt

Kassel – Alltag im Wandel der Zeit

Mit der Eingliederung Kurhessens in das Königreich Preußen 1866 erfuhr die Stadt Kassel einen erkennbaren Wandel. Die Wirtschaftskraft stieg sprunghaft an, namentlich festzumachen an Henschel & Sohn, Credé oder Salzmann.

Erkennbar wird diese Entwicklung auch am „neuen" Gesicht der Stadt, die nun nicht mehr nur ausschließlich Residenz- und Beamtenstadt war, sondern gleichzeitig auch bedeutender Industriestandort: Im Norden und Osten befanden sich hauptsächlich die Industriebauten, zu erkennen an den hohen Fabrikschornsteinen. Im Westen fanden sich dagegen großzügige Wohnstraßen, als deren Initiator Sigmund Aschrott zu nennen ist. Die Einwohnerzahlen stiegen stetig an und erreichten schließlich 1943 mit 225 000 Einwohnern den historischen Höchststand.

Die quirlige und lebendige Altstadt mit ihren engen Gassen und Fachwerkbauten gehörte vor Kriegsbeginn zu den bedeutendsten Mitteleuropas. In eine romantische Überbewertung sollte man aber nicht verfallen. Mit Beginn der Industrialisierung und der Erschließung neuer Wohnquartiere im 19. Jahrhundert kam es zu einschneidenden Veränderungen, die dazu führten, dass die Altstadt als Wohnort vorwiegend für Industriearbeiter, u. a. der nahen Henschelwerke, und für das Kleinbürgertum fungierte. Besser gestellte Bürger verließen den Ort dagegen. Investitionen in die Bausubstanz wurden nicht mehr durchgeführt, der Qualitätsstandard der Häuser sank immer mehr, Wohnungen wurden unterteilt, Hinter- und Seitenhäuser entstanden. Um 1920 wohnten ca. 20 000 Menschen dort, die hygienischen Verhältnisse wurden allgemein als schlecht bezeichnet. Erste Überlegungen zur Sanierung der Altstadt wurden bereits Ende des 19. Jahrhunderts angestrengt, bis 1925 konnten allein in der Altstadt ca. 900 Wohnungen instandgesetzt und die allgemeinen Verhältnisse verbessert werden. Weitere Konzepte wurden beschlossen, aber erst 1933, nach der Machtübernahme durch die Nationalsozialisten, weiter verstärkt, wobei neben der Arbeitsbeschaffung hier vor allem sozialpolitische und ideologische Gründe eine entscheidende Rolle spielten. Bis Anfang 1939 wurden ca. 500 Wohnungen beseitigt (und ihre Bewohner umgesiedelt) und ca. 2000 Wohnungen umfassend modernisiert, gleichzeitig wurde mit dem Freiheiter Durchbruch eine zeitgemäße Verkehrsanbindung zwischen Altmarkt und Martinsplatz hergestellt, ohne dabei allzu viel der alten Bausubstanz zu zerstören.

Kassel hat nach dem Bombenangriff vom Oktober 1943 sein ursprüngliches Gesicht verloren. Das alte Kassel gibt es nicht mehr, es entstand in den fünfziger Jahren ein neues Stadtbild, das uns nun schon seit über 65 Jahren prägt und zur Diskussion einlädt.

Das Weichbild einer Stadt ist leicht zu dokumentieren, schwieriger ist es, sich mit fotografischen Mitteln der Lebenswirklichkeit der Bewohner zu nähern. Die vorliegenden Fotografien fangen Aspekte des Lebens im „alten Kassel" ein. Sie entstammen dem Fotoarchiv Eberth, das im Stadtarchiv Kassel aufbewahrt wird. Aus dem großen überlieferten und bislang erschlossenen Bestand wurden von Stephan Franke, langjähriger Mitarbeiter im Stadtarchiv und Kenner der Kasseler Stadtgeschichte, Aufnahmen aus den dreißiger Jahren ausgewählt. Die Fotografien vermitteln zudem den Einblick in einen Alltag, der zunehmend von den veränderten politischen Verhältnissen geprägt wurde.

Dr. Stephan Schwenke, Leiter des Stadtarchivs Kassel

Der Fotograf blickt aus dem Fenster

Ein in den frühen dreißiger Jahren entstandener Blick auf wohlbehütete Personen: Herren nicht ohne Kopfbedeckung, Schüler mit den obligatorischen Schulmützen und dazwischen auch einige Damen mit Kappen à la mode (oben).

Passanten auf der Hohenzollernstraße – aufgenommen aus dem Fenster des Fotostudios Carl Eberth, Hausnummer 43. Wenige Jahre nach dieser Aufnahme erwarb Carl Eberth das gegenüberliegende Haus Nummer 42, das für einige Jahrzehnte der Standort des Fotostudios bleiben sollte – unterbrochen durch die Jahre der Zerstörung 1943 und der Verlagerung des Studios nach Waldkappel und seit 1955 unter der Adresse Friedrich-Ebert-Straße 42 (unten).

Aus dem überlieferten Fundus von drei Generationen „Foto Eberth", der trotz Kriegsverlust und Zeitverschleiß kaum überschaubar scheint, eine Auswahl zu treffen, bedarf der thematisch gezielten Auswahl. Die hier publizierten Fotografien aus den Beständen des Stadtarchivs Kassel konzentrieren sich auf die dreißiger Jahre und sollen Aspekte des Alltagslebens in Erinnerung rufen. Die Aufnahmen aus Arbeitswelt, Kultur, Verkehr, Sport und diversen Vergnügungen betreffen jene Dimensionen bürgerlichen Lebens, die unter veränderten Bedingungen auch uns nicht unbekannt sind. Für den Betrachter besteht der Reiz, Ähnlichkeiten und Differenzen zu erkennen. Viele Gewohnheiten und Gepflogenheiten sind uns fremd geworden – vor allem angesichts eines Stadtbildes, das sich durch die Zerstörungen des Zweiten Weltkriegs fundamental verändert hat und erst auf den zweiten und dritten Blick zur Identifikation des historisch gewordenen Ortes führt.

Stephan Franke

In der Altstadt

Vor dem Ende des Durchbruchs

Die Bauaktivitäten um den „Freiheiter Durchbruch" stellten einen spektakulären Eingriff in die überkommene Struktur der Altstadt dar. Der Fortgang der Unternehmung wurde deshalb von der Bevölkerung mit großer Anteilnahme verfolgt und es verwundert nicht, dass Carl Eberth mit seiner Kamera häufig vor Ort war und die Stadien der Umgestaltung dokumentierte. Die Fotografie, von ihm nur als „Innenstadt" klassifiziert, gibt einen Einblick in den Aufriss der Häuserfront des Altmarkts und dürfte 1935 entstanden sein. Über das Haus rechts im Bild – das als „Grünersches Haus" bekannt war – vermerkt das Adressbuch 1934 lapidar: „Wird im Laufe des Jahres wegen Straßendurchbruch abgebrochen."

Brüchige Idylle

Carl Eberth hat die Sanierungsmaßnahmen in der Altstadt mit einer Fülle von Aufnahmen dokumentiert.

Die etwa 1935 entstandene Fotografie lässt die Brüchigkeit der Bausubstanz und die Enge der Lebensverhältnisse erahnen. Leider war dem Fotografen ein Einblick in die Innenräume der Gebäude verwehrt. Diese und ähnliche Momentaufnahmen des sanierungsbedürftigen Bestandes gestatten dem nachgeborenen Betrachter jedoch keine Flucht in die nostalgische Verklärung einer fragwürdig gewordenen Idylle.

Führer und Geführte

Unter der Parole der „Nationalen Arbeit“ fügte sich das Projekt der Altstadtsanierung lückenlos in das Programm der Bekämpfung der Arbeitslosigkeit durch die NS-Regierung ein. Das Foto vom März 1936 zeigt neben den „Kämpfern der Faust“ mit den symbolhaften Spaten und Hacken Vertreter des Führungspersonals – unter anderem Karl Weinrich, bis 1944 Gauleiter der NSDAP von Kurhessen (Dritter von links).

Sanierung im Detail

„Anobium punctatum“ – so lautete in vielen Fällen die fachmännische Diagnose, auf die sich die vier Herren auf der Fotografie von 1934 verständigt haben dürften. Zu Deutsch: „Gemeiner oder Gewöhnlicher Nagekäfer“ – volkstümlich unscharf als Holzwurm bekannt und berüchtigt. Wie man sieht, erforderte der noch weit verbreitete Fachwerkbestand den Einsatz des Kammerjägers zur Sanierung der Altstadtgebäude.

Freiheiter Durchbruch

Der „Freiheiter Durchbruch" kann als das spektakulärste Resultat der Altstadtgestaltung gelten. Die neu gestaltete Straße führt vom Marktplatz auf den Altmarkt. Die Aufnahme vom Standort des Fotografen auf der Höhe der Wildemannsgasse entstand am 9. März 1936 und vermittelt einen Einblick von dem propagandistischen Aufwand, mit dem das Regime die Altstadtsanierung nach der Devise „Licht und Luft in dunkle Gassen" zu nutzen wusste.

Am Fuldaufer

Gerne wurde das Fuldaufer zum Promenieren genutzt. Mitte der dreißiger Jahre hielt Carl Eberth während eines Spaziergangs diesen eher beiläufigen Blick auf Fluss und Unterneustadt fest. Zwei Arbeitskähne erinnern an die seinerzeit noch wichtige wirtschaftliche Bedeutung der Fulda als Transportweg. Allerdings war das Gewässer für die meisten Kasseler Bürger mehr ein Ort sportlicher Entspannung. Davon zeugen das Bootshaus mit den angeseilten Ruderbooten sowie die beiden Männer in Badehosen auf dem Steg. In jenen Jahren war von pH-Werten oder gar Coli-Bakterien nicht die Rede – ein ungetrübter Bade- und Schwimmgenuss schien möglich.

Ein Schiff mit Tradition

Ein langlebiger Kasseler Mythos: der Dampfer Elsa – für Generationen von Ausflüglern eine Gelegenheit, auf einer gemütlichen Fahrt bis zur „Grauen Katze" ein wenig seemännisches Gefühl im hessischen Mittelgebirge zu entwickeln.

Hier kehrt das beliebte Ausflugsboot allerdings zu seinem Standort in der Höhe des Rondells zurück. Der sonst nicht übliche Schmuck sowie der rege Publikumsverkehr am Ufer und die Präsenz von Ruderbooten lassen auf ein offizielles Ereignis nach 1933 schließen. Rechts die Häuser des Ufers der Unterneustadt.

Fluss im Eis

Die Altstadt als Ausgangspunkt für ein gern genutztes Freizeitvergnügen: In manch einem Winter war Eislauf auf der Fulda möglich.

Der Fotograf richtete seine Kamera von der Fuldabrücke auf das quirlige Geschehen. Rechts Renthof und Rondell, dahinter der wilhelminische Repräsentationsbau des Justizpalastes. Die Aufnahme (oben) entstand um 1930.

Ein weiteres Bild (rechts) von der zugefrorenen Fulda – diesmal von Kindern mit ihren Schlitten genutzt. Der Fotograf hat die Perspektive gewechselt: Unterhalb des Renthofs stehend, richtet er die Kamera auf die Fuldabrücke und die Häuserfront der Unterneustadt.

Ein beiläufiger Blick

Zu den für uns heute bemerkenswertesten Dokumenten zählen jene Aufnahmen, die Carl Eberth eher beiläufig während eines Streifzugs durch die Stadt geschossen hat. Auf dem Weg in Richtung Altmarkt entstand 1936 oder 1937 die Fotografie, die einen unspektakulären Moment des Straßenlebens zeigt. Noch ist der Autoverkehr überschaubar, die Straßenbahnschienen dominieren die Ordnung im Verkehr – man bewegt sich zu Fuß, gegebenenfalls mit dem Fahrrad. An verschiedenen Stellen sind die Aktivitäten von Ausbesserung und baulicher Erneuerung zu bemerken. An jenem sonnigen Nachmittag tragen Männer Hüte, Einkauf mit Rucksack ist nicht ungewöhnlich und für Jungen sind kurze Hosen mit Wollstrümpfen die Grundausstattung.

Expandierender Verkehr

Baustelle in der Hohenzollernstraße

Diese Aufnahme aus dem Jahr 1934 entstand an der Straßenbahnhaltestelle Karthäuserstraße. Rechts ist das Uhrtürmchen zu sehen, das bis 1938 gegenüber der alten Hauptpost einen markanten Blickfang bot. Der Blick lenkt uns in Richtung Ständeplatz. Im Laufe der Jahre erstellte Carl Eberth allein im Bereich „vor seiner Haustür“ im Hohenzollernviertel eine Fülle von Fotografien, die die intensiven Arbeitstätigkeiten im Straßenbau dokumentieren. Die Zunahme des Individualverkehrs stellte bereits in den dreißiger Jahren die Stadtplanung vor neue Aufgaben.

Wandel der Fortbewegung

Im Laufe der Jahrzehnte unternahmen Carl Ebert senior und auch Carl Eberth junior „Expeditionen" in die unmittelbare Umgebung des Hohenzollernviertels bzw. Vorderen Westens. Die Aufnahmen dokumentieren in zum Teil unscheinbaren Details Zerstörung und Neubeginn im äußeren Erscheinungsbild. Viele Bilder geben auch einen Fingerzeig auf den sich langsam und fast unbemerkt vollziehenden Wandel im Alltag.

An einem Wintertag Mitte der dreißiger Jahre durchstreifte der Fotograf die Seitenstraßen der Hohenzollernstraße. Mit der Aufnahme fing er einen Aspekt des damaligen Verkehrs ein: das Nebeneinander von traditionell-bäuerlicher Fortbewegungsweise und moderner Automobilisierung. In jenen Jahren waren reale Pferdestärken noch ein alltäglicher Anblick – und der Stand der Automobilisierung führte noch nicht zu einem Parkproblem.

Mit der Straßenbahn ins Wintervergnügen

Ein in den dreißiger Jahren gängiges Verkehrsmittel war die Straßenbahn. Bis 1966 verband eine knapp zwölf Kilometer lange Straßenbahnverbindung den Kirchweg mit dem Herkules. Die Herkules-Bahn gehört zu jenen Institutionen der Stadtgeschichte, die nach wie vor in liebevoll-nostalgischer Weise in der Erinnerung geblieben sind.

Die Aufnahme aus der Mitte der dreißiger Jahre zeigt die Ankunft der Ausflügler an der Endstation unterhalb des Herkules'. Wenn es hieß: „Ski und Rodel gut" drängte sich eine mit Skiern und Schlitten ausgestatte Menge in den Wagen der Straßenbahn, um von der Endstation unterhalb des Herkules die Wintersportmöglichkeiten im Habichtswald wahrzunehmen.

Werbung für Fahrräder

Im Bestand des Eberth-Archivs befindet sich auch eine Fülle von Fotografien für kommerzielle Zwecke. Noch sind wir nicht in der Zeit einer nahezu allgegenwärtigen täglichen Reklame – das damals auch gebräuchliche Wort „Propaganda" hat noch einen unschuldigen Klang. Unser Foto aus dem Jahre 1935 ist einer Reihe von Aufnahmen für Sigurd-Fahrräder entnommen. Seit 1926 konnte die Kasseler Firma Sigurd eine beachtliche Position auf dem deutschen Markt erringen und bestand als Unternehmen bis Mitte der siebziger Jahre. Als täglich nutzbares Fortbewegungsmittel im Arbeitsleben war das Fahrrad für weite Kreise im Gegensatz zum Automobil finanziell erschwinglich. In ihrer legeren Kleidung propagierten die Personen auf den Damen- und Herrenfahrrädern einen weiteren Aspekt der Fahrradnutzung: als mobiles Gerät für die Freizeitgestaltung.

Reparaturen und Tankdienst

Mit dem zunehmenden Autoverkehr wuchs die Nachfrage nach entsprechenden Dienstleistungen. Seit den zwanziger Jahren entstand im Kasseler Stadtgebiet eine Reihe von Autowerkstätten mit dem obligatorischen Angebot an Benzin – an Standorten, die heute nur noch sehr schwer auszumachen sind. Die Fotografie aus der Mitte der dreißiger Jahre zeigt eine Vertragstankstelle der Fima Esso vermutlich im Kasseler Osten. Das neu entstandene Tätigkeitsfeld des Automechanikers wurde recht bald zu einem Berufswunsch vieler Jungen. Neben der noch ungebrochenen Technikbegeisterung mischte sich auch ein Stück motorisierter Romantik hinein, die in einem populären Film wie „Die Drei von der Tankstelle" ihren Ausdruck fand.

Edle Karossen

Ausstellungen der Firma Mercedes-Benz konnten stets mit einem starken Zuspruch der Automobilbegeisterten rechnen. So auch im Jahre 1934. Hier präsentiert sich eine Firma, die sich ihrer wirtschaftlichen und technik-geschichtlichen Bedeutung bewusst ist. Die schwarz-weiß-roten Fahnen und die Porträts der Automobilpioniere Carl Friedrich Benz und Gottlieb Daimler geben der Präsentation ein fast offiziell-staatstragendes Gepräge. Zudem lebte Mercedes-Benz von dem Image gehobener Repräsentativität für ein finanziell gut gestelltes Publikum. So dürften die ausgestellten Fahrzeuge – wie etwa das Cabriolet aus dem Vorjahr 1933 – für die meisten Besucher ein Objekt der Schaulust geblieben sein.

Gefahren der Mobilität

„Blechschaden, doch kein Personenschaden" – eine solche Meldung konnte man seit den dreißiger Jahren häufiger in den Kasseler Zeitungen lesen. Mit wachsendem Motoraufkommen wuchsen auch die Gefahren des Fortschritts in der Mobilität. Gerne verband man die Berichte mit einem erhobenen Zeigefinger zu „Gaffern" und „Schaulustigen", die die Wiederherstellung der Straßenverkehrsordnung störten.

Carl Eberth, der zu den ersten „Automobilisten" in Kassel zählte, hinterließ eine Fülle von Unfallfotografien, die ein sensibles Mitgefühl für Fahrer und Gerät erkennen lassen. Wir hoffen, dass dieser Unfall Mitte der dreißiger Jahre für den Fahrer glimpflich verlaufen ist. Auch ein ramponiertes Automobil scheint für Jung und Alt nichts vor seiner Faszination eingebüßt zu haben.

Neue Rettungswagen

Für eine Großstadt wie Kassel stellte ein gut funktionierendes Rettungswesen eine als selbstverständlich angesehene Notwendigkeit dar. Im Laufe des Jahres 1938 modernisierte das „Rote Kreuz" seinen Bestand an Rettungswagen. Die neuen hellen Wagen, die dem fortgeschrittenen Standard der Automobiltechnik entsprachen, waren bald leicht identifizierbarer Teil im täglichen Verkehrsgeschehen. Die Helfer in der zeitgemäßen Rotkreuzuniform sind zur Inspektion des neuen Fuhrparks an einem historischen Ort angetreten: im Hof des Karlshospitals.

Motorsport in der Altstadt

Die seit den zwanziger Jahren durchgeführte Veranstaltung „2000 km durch Deutschland" fand 1934 das letzte Mal statt und bezog Kassel in die von Baden-Baden ausgehende Rallye mit ein. Als Austragungsort wurden auch enge Straßen der Altstadt genutzt. Ein Foto zeigt das Duell zweier Motorradfahrer in der Bremer Straße (oben), das andere vermittelt einen Eindruck von dem breiten Publikumsinteresse an dem spektakulären Ereignis (unten). Es entstand an der Bremer Straße, Ecke Müllergasse. Das Nationalsozialistische Kraftfahrkorps (NSKK) war eine technisch, aber auch paramilitärisch ausgerichtete Organisation, die für den Motorsport warb und diesbezügliche Aktivitäten zentral koordinierte. Unter der Leitung des NSKK übernahmen auch SA-Männer die Kontrolle über den regulären Ablauf der Veranstaltung.

Tag der Luftwaffe

Seit den zwanziger Jahren war Kassel mit den Raab-Katzenstein-Flugzeugwerken Standort einer der fortgeschrittenen technischen Innovationen des Jahrhunderts. Zudem verbreiteten die sportlichen Erfolge des in Kassel ansässigen Gerhard Fieseler (1896–1987) das Interesse an den vielfältigen Aspekten des Fliegens. Mit der Wiedereinführung der Wehrpflicht und der zügigen Aufrüstung erlangte das Flugwesen auch eine militärisch zunehmend zentrale Bedeutung. Öffentliche Selbstdarstellungen dieser Waffengattung fanden eine breite Resonanz. 1937 versammelten sich anlässlich des „Tags der Luftwaffe" die Flugbegeisterten auf dem Friedrichsplatz. Nicht nur die Jugend verfolgte mit Spannung das Geschehen (oben). Neben dem Vorbeiflug von Kampfflugzeugen landete auch eine Reihe von Kleinmaschinen in Front des Staatstheaters (rechts).

Arbeit und Ausbildung

Arbeitsamt

Der Neubau des Arbeitsamtes in der Freytagstraße erfolgte im Jahre 1931 – zu einer Zeit, als die Arbeitslosenzahlen Spitzenwerte erreichten. Fünf Jahre später versammelte sich vor dem Gebäude eine große Anzahl von Arbeitern, Angehörigen und Schaulustigen. Nach Ansprachen von Parteifunktionären und Vertretern der „Nationalen Arbeitsfront" marschierte die Menge in Richtung Altstadt, wo sie die Beendigung der Arbeiten am „Freiheiter Durchbruch" feierte. Das zweijährige Großprojekt war ein Beispiel von erfolgreicher Arbeitsbeschaffung, die vom Regime propagandistisch geschickt genutzt wurde.

Auf der Walz

Ein Dokument alter Handwerkstradition: die „Walz" oder „Tippelei" – die Wanderschaft eines Handwerksgesellen nach Abschluss seiner Gesellenprüfung. Carl Eberth begleitete 1935 den Auszug der Gesellen auf ihrem Weg zum Hauptbahnhof. Der Trupp passiert, vom Königsplatz kommend die Kölnische Straße. Links die Buch- und Verlagshandlung Lometsch, die noch bis 2008 dort ihren Standort hatte, rechts ein weiteres Kasseler Traditionsgeschäft: die Konditorei Nenninger.

„Lehrjahre sind keine Herrenjahre"

Lehrling, Geselle, Meister – die drei Wörter beschreiben die Stufen der Ausbildung und des Ranges in der Handwerkstradition. Die Fotografie aus dem Jahre 1936 wurde während einer Lehrlingsprüfung in einem nicht genannten Mühlenbetrieb gemacht. Für die fünf Prüflinge gilt es, die erste Hürde ins Berufsleben zu meistern. Die abgeschlossene Lehre war in diesen Jahren zumeist die Regel. Folgt man dem Volksmund, so stellten es Jahre äußerst angespannter Disziplin dar. Haltung und Konzentration bei den Prüflingen lassen vermuten, dass ihnen der Ernst des Vorgangs bewusst ist. Ob und wann nach der Gesellenzeit und der Routine des Arbeitslebens jemals Herrenjahre folgten, bleibt offen.

Lehrling im Wettbewerb

Neben dem Handwerk bildeten zunehmend Industriebetriebe ihren Nachwuchs aus. In Kassel waren die Henschelwerke ein prominenter und beliebter Ausbildungsort. 1935 besuchte Carl Eberth die Werkshallen aus einem besonderen Anlass: Die Lehrlinge beteiligten sich an dem „Reichs-Berufs-Wettkampf der deutschen Jugend 1935". Der Wettbewerb, der durch die „Deutsche Arbeitsfront" und die „HJ" gefördert wurde, diente dem Leistungsvergleich und der Förderung überdurchschnittlicher Leistungsbereitschaft. Der sehr jung wirkende Lehrling arbeitet ernst und konzentriert an seiner Maschine.

Meisterehren

Den Weg vom Lehrling zum Meister sind in der Regel nur wenige gegangen. Mit den Jahren und den Rängen stiegen die Anforderungen und mit ihnen die Ansprüche, die die Innungen an die Prüflinge stellten. Die Aufnahme vermittelt die Atmosphäre einer Meisterprüfung im „Photohandwerk".

Wir werden Zeuge einer schriftlichen Prüfung. Von würdig-gesetzt wirkenden Prüfern kritisch beäugt, arbeiten drei Kandidaten konzentriert an den geforderten Aufgaben. Die Frage nach dem Erfolg der Prüfung kann in einem Falle beantwortet werden. Der Meisterkandidat links ist Carl Eberth junior (1910–1991), der nach dem Krieg das Geschäft seines Vaters weiterführte.

Schweine für Kassel

Vor allem die Not der Kriegs- und Nachkriegszeit führte dem Kasseler Bürger die Bedeutung des landwirtschaftlichen Umfeldes eindringlich vor Augen. Die Großstadt Kassel mit ihrer wachsenden Bevölkerung konnte zur Befriedigung der elementaren Lebensbedürfnisse auf das Angebot einer agrarisch geprägten, bis in die Schwalm reichenden Region zurückgreifen. Aus den dreißiger Jahren stammt die Fotografie von der Arbeit der Metzger im Schlachthof. Zwar war der Fleischkonsum im durchschnittlichen Haushalt keine tägliche Gewohnheit – der Ausdruck „Sonntagsbraten" spricht dafür. Jedoch ermöglichte die maximale Nutzung aller Schweineteile die Produktion kasselspezifischer Leckereien wie „Ahle Worscht" oder „Weckewerk".

Blick in eine Mühle

„Handwerk hat goldenen Boden" – dieser Merkspruch konnte 1935, im Entstehungsjahr der Fotografie noch eine unbestrittene Geltung beanspruchen. Trotz des Wachstums der Industrie in Kassel und einem Zuwachs der Arbeitsplätze in Handel und Verwaltung war ein großer Teil der Beschäftigten in der mittelständischen, handwerklich geprägten Wirtschaft beschäftigt. Auf der Aufnahme betrachtet ein interessiertes Publikum das Innenleben einer Maismühle und folgt gespannt den mechanischen Abläufen. Für die Demonstration zeichnet der Mühlenbetrieb „Bock und Meyer" verantwortlich. Er konnte 1935 schon auf eine mehr als 50-jährige Geschichte zurückblicken. Aus den Anfängen im Mehlhandel war der Betrieb zu einer reichsweit bekannten Adresse im Bereich des Mühlenbaus geworden.

Aufmarsch der Handwerker

„600 Jahre Bäckerzunft" – mit diesem Transparent marschierten die Kasseler Bäcker auf dem Festzug des Handwerkertags 1934. Von Wilhelmshöhe aus über die Hohenzollernstraße und den Friedrichsplatz kommend, war die groß angelegte Selbstdarstellung der einzelnen Handwerke mittlerweile in den Steinweg eingebogen. Auch auf der Höhe des Zwehrener Turms und des Elisabethhospitals hat sich eine interessierte Menge eingefunden. Die einzelnen Berufsgruppen präsentierten sich teils in berufsspezifischer Kleidung, teils in festgemäßer Garderobe. Die Veranstaltung beschwor neben der wirtschaftlichen Bedeutung des Handwerks auch das historisch gewachsene Ständische, das seit 1933 durch die nationalsozialistische Regierung eine starke Unterstützung fand.

Vor der Verarbeitung

Heute erinnert der Straßenname „An der Kurhessenhalle“ in Niederzwehren an das erste Mehrzweckgebäude der Stadt. Neben Sportveranstaltungen – vornehmlich solche des Reitsports – diente die Halle seit 1935 regelmäßigen Präsentationen landwirtschaftlicher Produkte aus der nordhessischen Umgebung.

Auf der Fotografie aus den späten dreißiger Jahren sehen wir die Anlieferung und Kontrolle von Schafswolle, einem in jenen Jahren noch häufig gebrauchten und vielfach verwendbaren Rohstoffes zur Weiterverarbeitung.

Handarbeit mit politischem Hintergrund

Die „Sudetenfrage" zählte zu jenen außenpolitischen Problemen, die das nationalsozialistische Regime für propagandistische Aktivierung der Bevölkerung zu nutzen vermochte. Im Jahre 1936 entstand die Aufnahme, die der Fotograf mit dem Titel „Hausangestellte und Berufsschüler arbeiten für Sudetendeutsche" versah. Bis zum Anschluss des Sudetenlandes im Zuge des Münchner Abkommens 1938 fanden regelmäßige reichsweite Veranstaltungen verschiedenster Art zur Unterstützung der sudentendeutschen Bevölkerung statt. An einem nicht näher bezeichneten Ort in Kassel zeigt man sich in fröhlicher Stimmung mit selbstverfertigter Konfektion solidarisch.

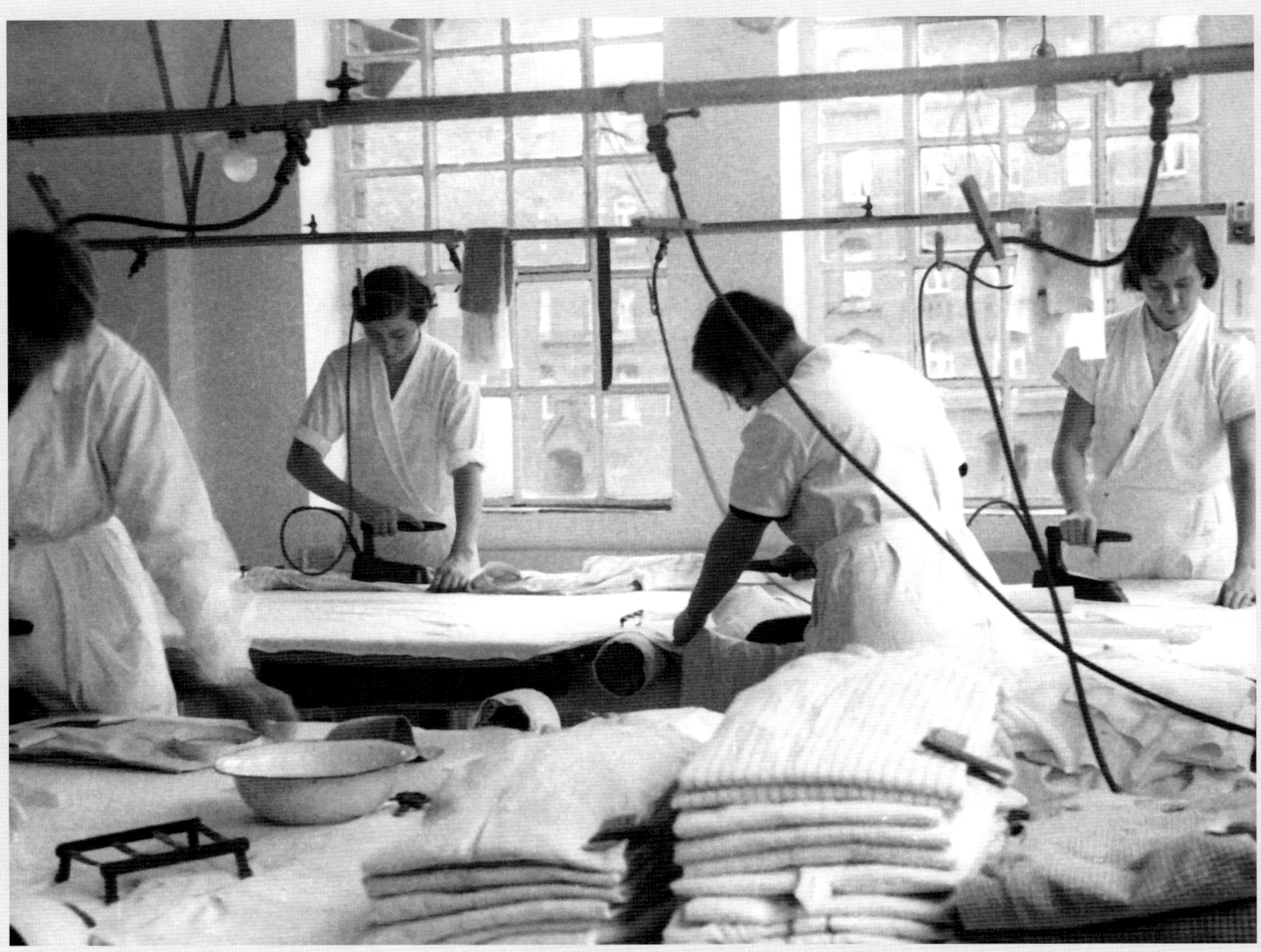

In der Wäscherei

„Welscher wäscht Wäsche wirklich weiß" – diesen markanten Werbespruch konnte man noch lange auf den Wagen der Großwäscherei Welscher lesen. 1934 entstand dieser Blick in die Arbeitsräume der Firma in der Hohenzollernstraße. Die Großwäschereien boten eine Entlastung von zeit- und kraftraubender Routinearbeit, zumal Waschmaschinen noch nicht für jeden Haushalt erschwinglich waren. Daneben boten sie Arbeitsplätze, die dem Frauenbild der Zeit gemäß akzeptabel erschienen.

Frauen im Dienst

„Der Reichsarbeitsdienst ist Ehrendienst am deutschen Volke. Alle jungen Deutschen beiderlei Geschlechts sind verpflichtet, ihrem Volke im Reichsarbeitsdienst zu dienen." So befand 1935 das Reichsarbeitsdienstgesetz.

Die Fotografie aus dem Jahre 1939 zeigt drei Teilnehmerinnen des Frauenarbeitsdienstes am Wasserbottich. Die zugeteilten Arbeitsaufgaben orientierten sich an dem traditionellen Bild von den Geschlechtern. Für den Mann hieß dies: „draußen im feindlichen Leben" und für die Frau galt das Dichterwort „drinnen waltet die züchtige Hausfrau". Demgemäß wurden junge Mädchen in ihrer mehrmonatigen Dienstzeit in die Tätigkeiten des Haushaltes und der Pflege eingeführt.

Die Zwänge des Krieges führten allerdings zu einer Aufweichung der rigiden Geschlechtervorstellungen: In der Kriegswirtschaft wurden viele Frauen unfreiwillig zu Mitkämpfern „im feindlichen Leben".

Vom Korsett zur Feinmechanik

Eine Unternehmung bleibt in der Regel erfolgreich, wenn sie sich auf die wandelnden Wünsche der Kundschaft einzustellen vermag. Die Firma Federstahl hat ihre Wurzeln in einer heute verschollenen Besonderheit der Damenkonfektion: der Korsettstangenproduktion. Mit feinmechanischen Erzeugnissen, vor allem für die expandierende Elektrotechnik, gelang der Sprung in die industrielle Fertigung und die Umwandlung in eine Aktiengesellschaft. 1940 – im Entstehungsjahr der Aufnahme – war der Betrieb in der Sedanstraße Teil der Rüstungsproduktion geworden. Der Blick in eine Fertigungshalle vermittelt den Eindruck eines mittelständischen, noch von handwerklicher Feinarbeit geprägten Arbeitslebens.

Friseure im Wettkampf

Kurz und militärisch: so überschaubar erscheint der Herrenschnitt in den dreißiger Jahren. Blättert man aber in dem amtliche Fachorgan dieser Jahre, „Der Deutsche Friseur", so ist man erstaunt, wie intensiv auch die Entwicklung der Damenfrisur im „dekadenten" Ausland wahrgenommen worden ist. 1938 veranstaltete die Kasseler Friseurinnung ein Schaufrisieren in der Stadthalle. Der Trend des Jahres scheint zu einer gebändigten Länge gegangen zu sein – nicht zum „Bubikopf" der zwanziger Jahre, wohl aber zu einer sportlich-praktisch gestalteten Frisur mit individuellem Anspruch. Welche Frisur von den männlichen Preisrichtern prämiert wurde, ist nicht überliefert. Ein blonder Zopf war nicht darunter.

Begegnung mit der Ordnungsmacht

Am Rande des Besuchs von Reichsbischof Müller, 1935 (s. S. 93), erfolgte auf dem Martinsplatz die flüchtige Begegnung zwischen Passant und Polizist. Wir vergessen oft, dass Kassel bis zum Ende Preußens die Bezirkshauptstadt der Provinz „Hessen-Nassau" war. So verwundert es nicht, im Straßenbild die staatlichen Symbole des Landes Preußens anzutreffen – so auch die repräsentative Uniform eines „Schupos". Der „Tschako" – amtlich: Schackelhaube – blieb im Land Berlin bis in die sechziger Jahre bei der Schutzpolizei in Gebrauch.

Briefträger im Dienst

Die „Deutsche Reichspost" hatte in den dreißiger Jahren das Monopol für die Kommunikation mit dem In- und Ausland inne. Neben dem Betrieb des noch nicht in allen Haushalten vorhandenen Telefons und des Telegrafendienstes war sie auch in die frühen Versuche des Fernsehens involviert. Der zentrale Teil ihrer Tätigkeit betraf allerdings nach wie vor den klassischen Postverkehr: der Paketdienst und das Briefwesen.

Die Fotografie zeigt einen Briefträger in der zeitgemäßen Uniform auf dem Weg zu seinem Dienstkrad. Anlass für die Aufnahme aus dem Jahre 1939 waren – wie der Fotograf anmerkt – neu montierte Briefkästen in nicht übersehbarem Feuerrot.

Zwischen Markt und Warenhaus

Markt im Großen

Mitte der dreißiger Jahre richtete Carl Eberth seine Kamera vom Gebäude der Vereinigten Casseler Ziegeleien aus auf den Königsplatz. Neben der dort auch heute noch ansässigen Commerzbank, die neben einem Kasseler Modehaus auch die Ufa-Lichtspiele beherbergte, fällt der Blick rechts auf eine Reihe im Krieg zerstörter Häuser. Das Eckhaus im klassizistischen Stil der Oberneustadt diente in diesen Jahren als Gaststättenbetrieb, daran anschließend ist noch ein Teil der Fassade des Brühlschen Hauses zu sehen. In den Mittelpunkt der Aufnahme rückt der Fotograf jedoch das quirlige Markttreiben, das den Königsplatz als lebendiges Zentrum des merkantilen Tausches in jenen Jahren auszeichnete.

Markt im Kleinen

Der Markt am Königsplatz – ebenso der kleinere am Ständeplatz – lebte vom Angebot der landwirtschaftlichen Produktion der nordhessischen Umgebung und bot in Friedenszeiten die gesamte Palette der Erzeugnisse „direkt vom Bauern". Am Rande der Straßenbahnhaltestelle Königsplatz präsentiert Mitte der dreißiger Jahre eine Blumenhändlerin ihre Waren. Allerdings sollte man neben den rein wirtschaftlichen Gesichtspunkten einen weiteren Aspekt nicht unterschätzen: der Markt als Austausch von Informationen – kasselänerisch gesprochen: als Ort zum „Schnuddeln". Das Einzugsgebiet der Stadt bis hinunter in die Schwalm bot dem Sprachkundigen auch einen Einblick in die Nuancen der nordhessischen Mundart.

Einkauf um die Ecke

Das Stadtbild der dreißiger Jahre war noch durch eine Fülle verschieden spezialisierter Einzelhandelsgeschäfte geprägt. Die Aufnahme aus dem Jahre 1936 eines Geschäftes auf der Hohenzollernstraße (heute Friedrich-Ebert-Straße) vermittelt einen Einblick in das Angebot des täglichen Bedarfs. Der Laden gehörte zu der Wareneinkaufskette „Rheinisches Kaufhaus" (Rheika), die im Bereich Lebensmittel und Feinkost in Kassel eine starke Stellung innehatte. Die eigenständig geführten Läden – in der Tradition der „Kolonialwarenläden" stehend – konnten der Konkurrenz durch die großen Kaufhausketten noch Stand halten. Was auffällt ist das Fehlen von Reklame für Spirituosen, Frischobst, Gemüse, Wurstwaren und andere Produkte des täglichen Konsums.

Möbel fürs Leben

Ein Schaufensterbummel in der Kölnischen Straße führt an einem frühen Abend im Jahre 1935 auch am „Möbel- und Pianohaus Carl Scheel" vorbei. Schon ein flüchtiger Blick in die Schaufenster zeigt ein Angebot für das bürgerliche Heim. Kein modisches Design – sondern solide, rustikale Fertigung für einen langen, vielleicht lebenslangen Gebrauch. Die Firma Scheel war seit dem 19. Jahrhundert der führende Klavierbauer der Stadt. Das Klavier gehörte seinerzeit zu den Prestigeobjekten eines bürgerlichen Haushaltes. In den dreißiger Jahren profitierten Firmen wie Scheel allerdings mehr von den „Ehestandsdarlehen", die jungen Familien die Anschaffung des notwendigen Hausrates erleichtern sollten.

Traum vom Eigenheim

Zu den vielfältigen Aktivitäten der Reformbewegungen in der ersten Hälfte des Jahrhunderts zählte die „Eigenheimbewegung". Der Traum von den eigenen vier Wänden, möglichst in einer Umgebung von frischer Luft, Licht und unbeschädigter Natur blieb lange ein Privileg wohlhabender Kreise. Mit der Gründung von Bausparkassen erschien eine Realisierung des Eigenheims auch für das bescheidenere Einkommen möglich. Die Aufnahme aus der Mitte der dreißiger Jahre entstand in der Hohenzollernstraße. Die im Schaufenster präsentierten Modelle vermitteln einen Eindruck von dem nachgefragten Baustil. Es dominiert eine gemäßigt moderne Funktionsarchitektur, die auch auf Anklänge traditioneller Formen nicht verzichtet.

Träume von Spiel und Spaß

Die Auslagen des Geschäftes bieten neben dem traditionellen Schaukelpferd und den immer jungen Stofftieren vor allem die für Jungen gedachten technikbezogenen Spielwaren: Automobile aus Blech und die heißgeliebte, für viele aber finanziell schwer erschwingliche Modelleisenbahn. Aber das Betrachten kostet nichts – neben einer Reihe von Spielzeuggeschäften boten auch die Kaufhäuser breite Anregungen für den Weihnachts- und Geburtstagswunschzettel. Die Aufnahme entstand Mitte der dreißiger Jahre während eines Rundgangs des Fotografen durch die Innenstadt.

Modenschau

Zu den alteingesessenen Konfektionsgeschäften in Kassel zählte die Firma Hettlage in der Unteren Königsstraße, Ecke Hohentorstraße. Sie führte als Kernangebot alltagspraktische Kleidung für „Damen, Herren und Knaben" – so der Eintrag im Adressbuch 1938. In diesem Jahr entstand die Aufnahme während einer Modenschau. Dem internationalen Trend gemäß zeigen die drei Damen körperbetonte, auf Taille geschnittene Frauenkleider, elegante Hüte und die obligatorischen Accessoires wie Ledertäschchen und Lederhandschuhe. Der Kontrast zum offiziell propagierten Frauenbild ist offenkundig und erinnert von ferne an die Inszenierungen in UFA-Filmen. So dürften die Modellkleider für den durchschnittlichen Geldbeutel eher unerschwinglich gewesen sein – ein Moment weltläufiger Illusion vermittelten sie gewiss.

Uniformbedarf

Der Betrachter von Fotografien aus der NS-Zeit ist oft erstaunt über die Menschenmassen in Uniformen während der häufigen öffentlichen Veranstaltungen. Es drängt sich die Frage auf: „Wo kleidete der Volksgenosse sich ein?" Eine Antwort gibt das Foto aus dem Jahre 1939. Die Aufnahme zeigt die Straße aus einer ähnlichen Perspektive wie die Fotografie mit den Handwerksgesellen (s. S. 27). Während die Buchhandlung Lometsch noch am alten Standort anzutreffen ist, ist das Café Nenninger durch ein „zeitgemäßes" Geschäft verdrängt worden. Das Adressbuch des Jahres notiert: „Hermann Vockrodt – Das Fachgeschäft für Wehr- und NS-Bedarf. Kölnische Straße 7". Die Kürzel über den Schaufenstern – von SA bis HJ – lassen vermuten, dass hier ein erschöpfendes Sortiment staatskonformer Konfektion zu finden war.

Schuhhaus Mendershausen

In den Jahren der Weimarer Republik vollzog sich langsam ein Wandel in den herkömmlichen Formen des Handels. Sichtbares Zeichen war die zunehmende Präsenz der Warenhäuser – Indikator eines beginnenden, wenngleich noch bescheidenen Massenkonsums. Neben dem Angebot „Alles unter einem Dach" etablierten sich auch fachspezifische Geschäfte, die durch günstige Preisgestaltung ihre Position im Markt ausbauen konnten.

Das Familienunternehmen Mendershausen in der Unteren Königsstraße/Hedwigstraße galt als Fachgeschäft für Schuhwaren aller Art. Die Fotografie stammt aus dem Jahre 1936. In diesem Jahr wurde die jüdisch-stämmige Familie Georg Mendershausen gezwungen, ihren Betrieb zu „arisieren". Während einem Teil der Familie die Ausreise in die USA gelang, wurden Georg Mendershausen und seine Frau Therese in Treblinka ermordet.

Sport und Spaß

„Tausend Turner Turnen“

Im Rahmen zunehmender Sportbegeisterung und eines neu erwachten Körperbewusstseins seit den zwanziger Jahren erfreuten sich Massenveranstaltungen unter einem Motto wie „Tausend Turner Turnen“ zunehmender Beliebtheit. Neben der Freude am Mitmachen im Sinne einer frühen „Trimm Dich“-Bewegung dienten die Darbietungen auch einem Leistungsvergleich der einzelnen Sportvereine. Die Hessenkampfbahn an der Karlsaue war seit 1926 ein vielgenutzter Austragungsort. Mitte der dreißiger Jahre hebt sich vor der Kulisse des Justizpalastes ein kraftvoller Turner am Barren aus der Masse der Tausend heraus.

Zuschauen als Sport

In den ersten Jahrzehnten des 20. Jahrhunderts erlangte der Sport in all seinen Facetten eine immer größere öffentl che Resonanz. Im Laufe der zwanziger Jahre erreichten Fußball, Boxen und der Automobilsport über die Spezialisten hinaus eine wachsende Zahl von Zuschauern. Aber auch Leichtathletikveranstaltungen vermeldeten ein stetiges Plus an interessiertem Publikum. Unsere Aufnahme stammt aus dem Sommer 1935. Auf der Hessenkampfbahn fand die Juniorenmeisterschaft der Leichtathleten statt. Der Schnappschuss in die Zuschauermenge zeigt ein durchweg gemischtes Publikum: neben leger gekleideten jungen Männern und eleganten jungen Damen ein vereinzelter Wehrmachtsoffizier – aber auch gestandene Herren mit Schlips und Kragen.

Gehen – sportlich

Der gemütliche Spaziergang in der Karlsaue gehörte zu den gern gepflegten Gewohnheiten an den Wochenenden. Am 30. Juli 1939 konnten die Besucher der Parkanlage zudem Zeugen einer sportlichen Form der Fortbewegung werden. Die „Großdeutschen Meisterschaften in der Leichtathletik" fanden 1939 zwar zentral in Berlin statt, einige Wettbewerbe wurden jedoch an andere Städte vergeben. So richtete Kassel die Wettbewerbe im Gehen aus. Nach dem 10 000-m-Bahngehen folgte die klassische 50-km-Distanz, die weite Teile der Stadt und der Umgebung miteinbezog. Neben der notwendigen Abkühlung in der Sommerhitze (rechts) vermittelt die Aufnahme mit dem Blick auf die Orangerie (oben) einen Eindruck von der Intensität sportlichen Gehens.

Granatenweitwurf

Ein weiterer Aspekt des Sports in den dreißiger Jahren war die Rolle allseitiger Körperertüchtigung im Bereich vormilitärischer Ausbildung. Unterorganisationen der Partei wie HJ und SA veranstalteten regelmäßig öffentliche Sportveranstaltungen. Neben der Präsentation gymnastischer und turnerischer Leistungen in Form exakt gestalteter Massenauftritte fanden auch Vergleichswettkämpfe der NS-Gliederungen statt. Im Jahre 1935 traf sich die SS in den Waldau-Auen zu einem organisationsinternen Kampftag – unter den Disziplinen auch ein Weitwurf mit Stabhandgranaten.

Boxen auf historischem Platz

Seit den zwanziger Jahren wuchs auch in Deutschland das Interesse am Boxen. Aus der Tradition des Arbeitersports erwachsen, wurde es seit der Machtübernahme auch im Schulsport stärker verankert - zumal „Mein Kampf" die staatspolitisch positive Bedeutung der Sportart britischer Herkunft betonte.

Stärker als politische Vorgaben wird in diesen Jahren wohl der „Max-Schmeling-Effekt" dazu beigetragen haben, die Popularität des Duells der Fäuste zu steigern. Vor dichtgedrängtem Publikum fand im Jahre 1938 auf dem Friedrichsplatz an einem eher ungewöhnlichen Ort ein Boxturnier statt. Wir wissen leider nicht, wer vor der historischen Kulisse Sieger geworden ist. Die gediegene Kleidung des Kampfrichters vermittelt dazu den Eindruck einer Kampfsportart für Gentlemen.

Familienbad

Der zentrale und viel besuchte Bezugspunkt sommerlichen Wasservergnügens für die ganze Familie war das Auebad an der Fulda. Das 1923 in der Ära Scheidemann eröffnete „Städtische Flußbad" – so der offizielle Name – galt als eine soziale Innovation, die reichsweit als vorbildlich angesehen wurde. Vor allem für die Bewohner der Altstadt bot das Auebad eine auch finanziell erschwingliche Flucht in Luft und Licht. Die Fotografie aus der Mitte der dreißiger Jahre gibt einen Fingerzeig auf die vielfältigen Möglichkeiten der Erholung von den Mühen des Alltags: neben der Abkühlung in der Fulda das Kräftemessen an Turngeräten, aber auch das familiäre Zusammensein unter schattigen Bäumen.

Vierer mit Steuerfrau

Die Fulda war auch ein gern genutzter Austragungsort für Kanu- und Ruderwettbewerbe. An Kassels Gymnasien wurde vor allem das Rudern als eine gemeinschaftsstiftende Sportart gepflegt – verbunden mit dem Unterhalt diverser schulverbundener Bootshäuser. Aus einer Initiative von Schülerinnen und Lehrerinnen ging 1913 der „Casseler Frauen-Ruderverein" (CFRV) hervor, der zu den Pioniervereinen des Frauenrudersports in Deutschland zählt. Richtungsweisend wurde auch die Organisation der ersten reinen Frauenregatta 1934. Während einer Folgeveranstaltung 1937 entstand die Aufnahme eines Vierers auf dem Weg in den Wettkampf.

Schwimmen quer durch Kassel

Mit der Veranstaltung „Schwimmen quer durch Kassel" wurde Mitte der dreißiger Jahre die Fulda Austragungsort eines Leistungsvergleichs der Kasseler Sportvereine. Carl Eberth hat den Wettkampf nicht zu Gänze begleitet, sondern seine Kamera am Zielpunkt des Langstreckenschwimmens postiert. Vor der Fuldabrücke hat sich eine Gruppe von Teilnehmern zu einem Erinnerungsfoto versammelt (oben).

Die Aufnahme mit den dichtgedrängt stehenden Zuschauern am Ufer und auf dem Rondell dokumentiert die starke Resonanz, die das Ereignis gefunden hat (rechts).

Wintersport im Hohenzollernviertel

Nicht nur die Fulda oder der Bergpark Wilhelmshöhe boten bei geeignetem Winterwetter Möglichkeiten wintersportlicher Betätigung. Für die schlittschuhbegeisterte Jugend war die Eisfläche an der Stadthalle ein beliebter Treffpunkt (oben). Die Aufnahme mit der Rosenkranzkirche im Hintergrund entstand 1934 am heutigen Standort der Firma Wintershall.

Der Platz wurde auch für Veranstaltungen im Eislauf und ganz besonders Eishockey genutzt. Die 1938 entstandene Fotografie dokumentiert das wachsende Interesse an dieser schnellen, kampfbetonten Mannschaftssportart (rechts).

Pädagogische Akademie

Mitte der zwanziger Jahre beschloss das Land Preußen auf Initiative von Kultusminister Carl Heinrich Becker die Errichtung von 15 „Pädagogischen Akademien" zur Professionalisierung und Verbesserung der Lehrerbildung. 1930 wurde für die Provinz Hessen-Nassau eine solche in Kassel gegründet, die allerdings – wie einige andere erfolgte Neugründungen – im Zuge der strengen Sparpolitik der Regierung 1932 wieder schließen musste. Standort der Institution war das Industriegebiet in Bettenhausen. Die turnerischen Übungen der Studenten finden vor dem Gebäude Industriestraße 1 statt (oben).

Ein Schwerpunkt der Ausbildung und des Schulunterrichts lag im Bereich von Sportspielen und Gymnastik. Die dafür gebräuchlichen Bälle werden von den Studentinnen als eigenständige Näharbeit angefertigt (rechts).

Kein Anglerlatein

Fisch und Kassel – dem Kenner des Kasseler Brauchtums fällt dazu sofort der – in der Fulda nicht heimische – „Zisselhäring" ein. Dem aufmerksamen Zeitungsleser entgeht nicht, dass mit gewisser Regelmäßigkeit allerdings von Erfolgen im Fangen von Hechten die Rede ist. Mitte der dreißiger Jahre war einem Kasseler Petrijünger das Anglerglück hold. In der nüchternen Atmosphäre des Kasseler Hafens präsentiert es das erlegte Tier. Der Fotograf teilt uns noch mit: „geangelt für das Winterhilfswerk".

Feste und Freizeitvergnügen

Der „Zisselhäring“

Um kein Missverständnis aufkommen zu lassen: Die Fulda ist nicht der natürliche Lebensraum des ebenso schmackhaften wie volkstümlichen Fisches. Wie bei vielen Mythen des Alltags sind die Ursprünge der Verknüpfung dieses Tieres mit dem Kasseler Volksfest umstritten. Wahr ist: Der Zissel kann erst mit dem Aufhängen des Heringssymbols am Rondell beginnen. Immerhin dürfte der Verzehr des Fisches in jenen Wochen deutlich über dem Jahresdurchschnitt gelegen haben. 1939 demonstrieren Teilnehmer des Volksfestes ihre Bereitschaft zum Genuss – ob als Salz-, Brat- oder Bismarckhering: Der Durst kam danach bestimmt.

Fest am Fluss

Unter dem Schlachtruf „Fullewasser, Fullewasser – hoi, hoi, hoi“ findet seit 1926 Anfang August alljährlich das über die Stadt Kassel hinaus bekannte Volksfest statt: der Zissel. 1934 begab sich Carl Eberth auf einen Rundgang über die Hauptstationen der Festivitäten. Es wäre reizvoll, ihm auf dem ganzen Weg von der Altstadt über das Rondell bis hin zu den Aktivitäten an und auf der Fulda zu folgen. Hier können wir nur Ausgangs- und Endpunkt der Exkursion dokumentieren. Vor dem Marstall herrscht mit Karussell und Budenzauber eine lockere Rummelplatzatmosphäre, die an diesem Nachmittag auf einen großen Zuspruch trifft (oben). Am Ende des Rundgangs erwartet den Fotografen eine Regatta. Inmitten einer Fülle fantasievoll geschmückter Boote und begleitet von Kanuten und Schwimmern stellte das Modell des legendären Flugboots „Dornier Do X“ einen besonderen Blickfang dar (rechts).

ZOO
DORNIER DO X

Eichenkreuz

Zu den wichtigsten Organisationen der weltanschaulich und politisch weitgefächerten Jugendkultur in der Weimarer Republik zählte der „Christliche Verein Junger Männer" (CVJM). Ursprünglich aus England stammend, war er im protestantischen Milieu fest verankert und unterhielt eine Reihe von Untergliederungen. Das „Eichenkreuz" widmete sich vornehmlich der Sportarbeit. Ein reichsweites Treffen fand Pfingsten 1932 in Kassel statt – ein Jahr bevor das neue Regime die freie Jugendarbeit zentralisierte und die Mannigfaltigkeit der Jugendbewegung beseitigte. Das Foto zeigt Teilnehmer in organisationsgemäßer Kluft vor der Zentrale des CVJM in der Wolfsschlucht 21.

Besuch aus dem Süden

Seit der Machtübernahme 1933 verstärkte das Regime die Kontakte mit befreundeten Staaten – in erster Linie mit dem Italien Mussolinis. 1934 besuchte eine Delegation der „Balilla", der italienischen Staatsjugend, Kassel und die befreundete Organisation „Hitler-Jugend", die nunmehr angetreten war, die männliche Jugend in Deutschland zentral zu organisieren. Der Besuch fand eine große Resonanz in der Öffentlichkeit. Neben den obligatorischen Aufmärschen und Reden auf dem Friedrichsplatz stand auch eine eingehende Besichtigung des Bergparks auf dem Programm. Abseits des militärischen Schneids erwiesen einige italienische Besucher dem Herkules eine sehr persönliche Reverenz.

Musik und Boxen

1938 begleitete Carl Eberth die Belegschaft des Mühlenwerks Müller auf den jährlichen Betriebsausflug. Von dem Standort in Bettenhausen aus marschierte die Belegschaft in geschlossenen Abteilungen wohlgeordnet „ins Blaue". Die Aufnahmen vermitteln das harmonische Bild einer Betriebsgemeinschaft gemäß den propagierten Idealen der Zeit. Das Fest für die ganze Familie bot für alle Altersgruppen ein angemessenes Programm. So auch für die Kinder, deren Gruppe von einem lässig Zigaretten rauchenden Musikanten mit der großen Trommel angeführt wird (links).

Aus den sportlichen Betätigungen, die auch Sackhüpfen und Eierlaufen einschloss, stammt der Schnappschuss von der betrieblichen Boxveranstaltung. Die Freude am Kampfgeschehen scheint mit der Abkühlung eines Kombattanten dem Höhepunkt entgegenzustreben (rechts).

Bratwurst bei Henschel

Von der Geschichte der Industrie in Kassel zu sprechen heißt: von Henschel zu sprechen. In der Tat hat die 1810 gegründete Firma ihre Spuren sowohl in der Stadt- wie in der Wirtschaftsgeschichte hinterlassen. Am Vorabend des Zweiten Weltkriegs war sie – nicht zuletzt durch die verstärkte Rüstungsproduktion – ein fundamentaler Faktor im Arbeitsleben der Stadt. Demgemäß wuchs mit der Zahl der Beschäftigten auch der Aufwand für das jährliche Betriebsfest. Die Aufnahme wurde im Sommer des Jahres 1939 gemacht. Ein Blick auf den Andrang an einem der Bratwurststände zeigt eine noch unbeschwert feiernde Belegschaft mit der ganzen Familie – eine Leichtigkeit, die in den kommenden Jahren nur mehr Erinnerung sein wird.

„Trunk macht Alte jung"

Mitte der dreißiger Jahre warben die Kasseler Brauereiunternehmungen mit dieser markanten, medizinisch wohl schon damals eher umstrittenen „Reklameparole" – um es in der Sprache der Zeit zu formulieren. Zwar waren Pferdegespanne nicht mehr das erste Transportmittel der Wahl – sie wurden aber für Werbezwecke auch anderer Produkte gerne genutzt und fanden noch in den Nachkriegsjahren als eine Art Folklore von Brauereien Verwendung. Die Berufskleidung der Bierkutscher kontrastiert deutlich mit dem gediegenen Zwirn des Herrn aus der Verwaltung von „Bierverlegern und Mineralwasserfabrikanten".

Herrenrunde mit Violinisten

Im Laufe der Jahre ist das Wort „Stammtisch" in mannigfachen Kombinationen zunehmend in Misskredit geraten. 1935 – im Jahre des Entstehens der Fotografie – gehörte die regelmäßige, meist wöchentliche Zusammenkunft an einem festen Treffpunkt zu den Gepflogenheiten vornehmlich gesellschaftlich arrivierter Männer. Die Aufnahme zeigt einen Stammtisch aus dem Rathauskeller auf einer – wie man sagte – Landpartie. Kleidung und Haltung der Herren lassen eine bildungsbürgerliche Herkunft vermuten. Noch ist die Runde beim Kaffeetrinken – in der Regel wurde das männerbündlerische Gemeinschaftserlebnis mit Sangeskunst feuchtfröhlich beendet.

Festhalle im Grünen

Ein Blick in die Adressbücher der dreißiger Jahre vermittelt den Einblick in eine Fülle von gastronomischen Unternehmungen, von denen die meisten wohl dem Typus der Eckkneipe entsprachen. Der Hotelier Georg Reiss zählte zu denen, die frühzeitig auf eine ständige Erweiterung des Angebots zielten. Dazu zählte auch die Ausrichtung von Bierzelten an bevorzugten Veranstaltungsorten zu beliebten Volksfesten. Die Fotografie aus der Mitte der dreißiger Jahre zeigt eine Festhalle an einem nicht mitgeteilten Ort. Ob am Rande einer Veranstaltung während des Zissels oder gar auf der „Leisterschen Wiese" – das Publikum auf der Aufnahme scheint die gediegen-bürgerliche Atmosphäre des Reiss'schen Angebots zu genießen.

Feste am Hegelsberg

In den Jahren 1934 bis 1935 entstand am Hegelsberg eine Wohnsiedlung, die unter dem Patronat der SA als ein spektakuläres Projekt zur Beseitigung der Arbeitslosigkeit gefeiert wurde. Die familiengerecht geplanten und errichteten Häuser ermöglichten 78 Siedlern den Erwerb von Grund und Boden. Im Laufe der Jahre fanden auf dem Gelände Volksfeste statt, die über die Nordstadt hinaus eine große Resonanz fanden. 1937 fängt der Fotograf mit dem Stadtpanorama im Hintergrund das frohe Treiben bei Kaffee und Kuchen ein (oben).

Der Aufmarsch sommerlich gekleideter und blumengeschmückter Mädchen entstand ein Jahr später auf dem Weg zu einem Kinderfest der Ortsgruppe Nordstadt der NSDAP (unten).

Kommissbrot und Gulaschkanone

In den Wochen vor dem Weihnachtsfest veranstaltete die NS-Volkswohlfahrt eine reichsweite Sammlung für das „Winterhilfswerk des Deutschen Volkes" (WHW). Von Freiwilligen durchgeführt und unter der Mitwirkung von Unterorganisationen der Partei wie HJ und SA, sollte es finanzielle Mittel für soziale Zwecke sammeln und zugleich den „Geist der Volksgemeinschaft" stärken. Im Jahre 1935 reihte sich die neu entstandene „Wehrmacht" auf dem Opernplatz in den Kreis der Unterstützer ein. Angesichts der Größe der Gulaschkanone und der Menge des Kommissbrotes erstaunt der rege Zuspruch der Passanten nicht.

Kinder kehren heim

„Erziehung vom Kind aus“ – das war nur eines von verschiedenen Leitwörtern, die seit Anfang des Jahrhunderts für eine Neuorientierung in der Pädagogik standen. Ein Problem war etwa der zunehmend enger werdende natürliche Lebensraum in den expandierenden Großstädten. Für einige Wochen im Jahr bot die Verschickung von Kindern auf das Land die Möglichkeit, Licht, Luft und Sonne bei Spiel und Sport zu tanken. Das Konzept wurde – unter ideologisch veränderten Gesichtspunkten – von der NS-Volkswohlfahrt fortgeführt.

Im Jahre 1934 kehrt ein Trupp Kasseler Kinder aus der Verschickung auf den Hauptbahnhof zurück. In einer Zeit, in der Urlaubsreisen zumeist ein Luxus waren, eine der raren Gelegenheiten, andere Gegenden Deutschlands kennenzulernen. Nach dem Kriegsbeginn diente die sogenannte Kinderlandverschickung der Evakuierung von Kindern und auch Müttern aus bombengefährdeten Zonen.

Kultur und Unterhaltung

Preußisches Staatstheater Kassel

Seit dem frühen 17. Jahrhundert kann Kassel auf eine kontinuierliche Theatertradition zurückblicken. Nach wechselnden Standorten entstand am Ende der wilhelminischen Ära am Friedrichsplatz ein Theaterneubau im neobarocken Stil. Die Größe des Hauses mit fast 1500 Plätzen kam der wachsenden Nachfrage des Bildungsbürgertums nach Schauspiel und Oper entgegen. 1909 eingeweiht, wurde das Gebäude am 22. Oktober 1943 zerstört und 1953 vollständig abgebrochen. Die Aufnahme entstand im Jahre 1936. Der Blick von der Aue in der Nähe der Orangerie vermittelt einen Eindruck von der repräsentativen Wucht eines „Tempels der Hochkultur".

Große Oper

Das „Preußische Staatstheater Kassel" zählte zu den großen repräsentativen vom Land Preußen unterhaltenen Häusern. Neben der Pflege des klassischen Repertoires in Schauspiel und Oper war es seit der kurzen Ära unter Paul Bekker und Ernst Krenek auch Ort der Pflege zeitgenössischen Musikschaffens. Die Aufnahme zeigt eine Szene aus der Oper „Elisabeth von England" des dänischen Komponisten Paul von Klenau (1883–1946), die am 2. Juni 1939 ihre erfolgreiche Uraufführung erlebte und – für zeitgenössische Werke eher ungewöhnlich – an anderen Bühnen nachgespielt wurde. Typisch für den Inszenierungsstil der Zeit ist die Freude an der epochengemäßen und realistischen Darstellung der Szenerie, die auch auf lebende Pferde auf der Bühne nicht verzichtete und wie ein in Bewegung gesetztes Historienbild wirkt.

Blick in den Fundus

Mit gewisser Regelmäßigkeit ermöglichte das „Preußische Staatstheater" einen Einblick in den Kostümfundus der Bühne. Wir befinden uns in einer Zeit, in der eine Orientierung an realistischer Darstellung in Schauspiel und Oper noch zur inszenatorischen Gepflogenheit gehörte – und auch vom Publikum zumeist erwartet wurde. Mitte der dreißiger Jahre dokumentierte Carl Eberth eine Kostümausstellung im Haus am Friedrichsplatz. Unsere Aufnahme zeigt Damenkostüme, die man in die Epoche des Rokoko einordnen könnte. Wahrscheinlich wird der Besucher erraten haben, aus welcher Aufführung welchen Stückes die Kostüme stammten: von „Emilia Galotti" bis zum „Rosenkavalier" bot das Repertoire einige Hinweise.

Nach der Aufführung

Leider hat uns der Fotograf nicht mitgeteilt, nach welcher Aufführung welchen Stückes die Mitwirkenden sich in ungetrübter Freude vor dem Vorhang für den Beifall des Publikums bedanken. Kostüme und Requisiten legen die Vermutung nahe, dass eine volkstümliche Bühnenform zur Aufführung gelangt ist – einer jener Schwänke, die unter keinen Umständen „totzukriegen sind". Mitte der dreißiger Jahre, als die Fotografie entstand, waren die regionalen Dialekte noch weithin gegenwärtig. Während im Staatstheater in der Hochsprache parliert wurde, konnte sich das Volkstheater liebevoll der Pflege und den Varianten des Kasselänerischen widmen.

Herkules – einer von uns

Wer über Kassel spricht, darf den Herkules nicht unterschlagen. Weit war der Weg des griechischen Halbgottes vom blauen Licht des Mittelmeeres auf einen Basaltsockel im hessischen Mittelgebirge. Und die Kasseler Bevölkerung hat sich dem Heroen gegenüber stets dankbar gezeigt – unüberschaubar die Fotografien, Medaillen, Münzen bis hin zu der Namensverwendung in Werbung und Tourismus.

Mitte der dreißiger Jahre fotografierte Carl Eberth einen Herkules inmitten einer dankbaren theatralischen Gesellschaft. Wie man sieht, griff auch das Volkstheater gerne auf die Unterstützung des starken Helden zurück. Vielleicht nutzte der Darsteller des Herkules' während des jährlichen Zissel die Gelegenheit zu einem Abstecher auf die Volksbühne.

„KHM 33 a“

„KHM 33 a“ – unter diesem Kürzel klassifiziert der Philologe ein berühmtes Märchen aus dem zweifellos berühmtesten in Kassel verfassten Werk der Literaturgeschichte: „Der gestiefelte Kater“ aus den 1812 zuerst herausgegebenen „Kinder- und Hausmärchen“ von Jakob und Wilhelm Grimm. Die Fülle der Übersetzungen ist ebenso unüberschaubar wie die mannigfachen Bearbeitungen, die die Vorlage vom Bühnenstück mit und ohne Musik bis hin zu Hörspiel und Film erfahren hat. Auch in den Zeiten der jeweils neuesten Medien ist ein Ende der Popularität nicht abzusehen. Vor allem in der Vorweihnachtszeit sicherten Bühnenbearbeitungen für Jung und Alt den Theatern stets ein volles Haus.

Unsere beiden Aufnahmen einer Aufführung des „Preußischen Staatstheaters“ stammen aus dem Jahre 1935. Während die Hauptfigur des Stückes den Schuhmacher vor dessen Werkstatt in Beschlag nimmt (oben), folgt ein in Fest- und Matrosenanzug adrett gekleidetes jugendliches Publikum gespannt dem Geschehen und auch die älteren Semester scheinen nicht gelangweilt (unten).

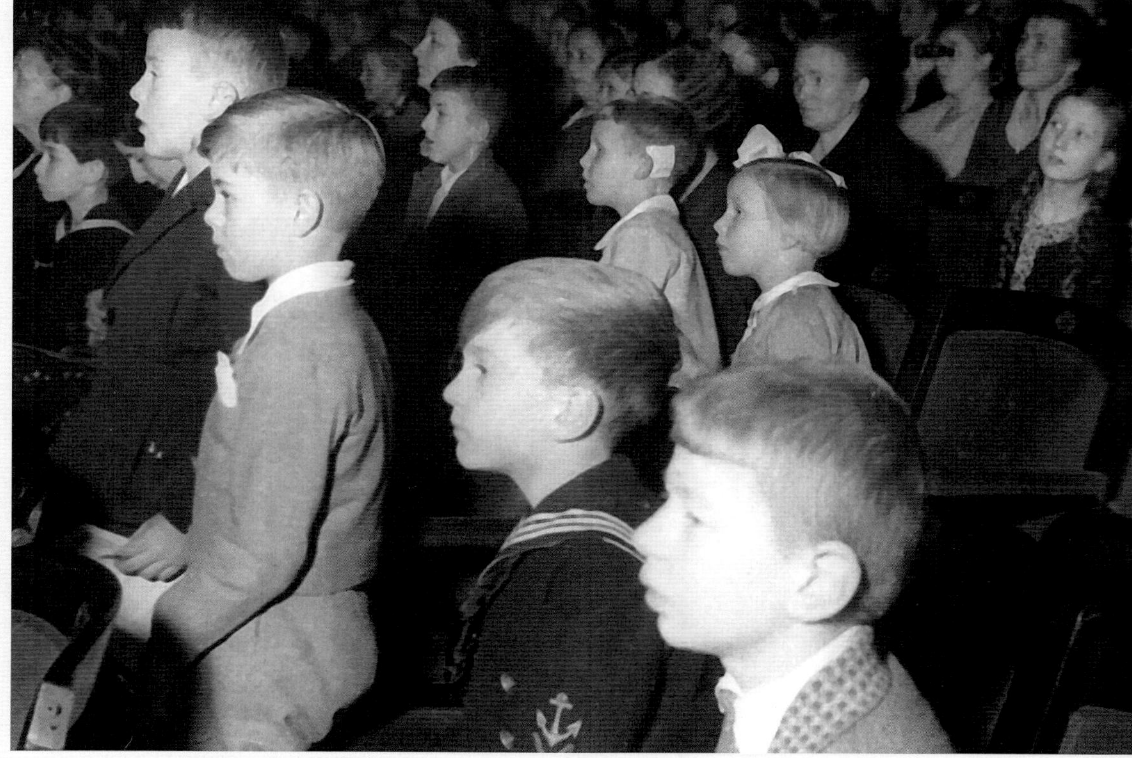

Museumselefant

Das 1603 bis 1606 errichtete Ottoneum am Steinweg ist als erstes feststehendes Theatergebäude in die Geschichte eingegangen. Nach Komödien und Tragödien zogen Ende des 17. Jahrhunderts neben Kunst und Kunstgewerbe die Naturalien der landgräflichen Sammlung in die Räume ein. Als Standort für die Objekte aus den „Drei Reichen der Natur" wird das Gebäude bis heute genutzt. Ein besonders sperriger Gegenstand des zoologischen Bestandes wurde 1935 in das neueröffnete Landgrafenmuseum an der Schönen Aussicht gebracht: ein Museumselefant.

Museumspädagogik

Im Gegensatz zu Kunstgalerien oder Techniksammlungen boten die Landesmuseen ein breites, nicht spezialisiertes Spektrum an Exponaten. Ein Schwerpunkt war der Bezug zu Geschichte von Stadt und näherer Region – was Naturgeschichte und Volkskunde mit einschloss. So auch im Kasseler Landesmuseum am Adolf-Hitler-Platz (heute Brüder-Grimm-Platz). Für das Fach Heimatkunde boten die Sammlungen vielfältiges Demonstrationsmaterial.

Im Jahre 1939 besuchte ein Kindergarten das Haus und ermöglichte den jungen Besuchern einen Zugang zu vergangenen und fremden Welten.

Jugend musiziert

Wir wissen nicht, an welchem Ort und aus welchem Anlass die Fotografie mit dem aus jungen Mädchen bestehenden Orchester gemacht worden ist. Auch wissen wir nicht, welches Stück hier unter der Leitung einer Dirigentin zur Aufführung gelangt. Mit der Entfaltung einer speziellen Jugendkultur im Zusammenhang von „Wandervogel" und anderen Reformbewegungen etablierte sich eine Jugendmusik, die unter anderem die Blockflöte zu einem leicht verwendbaren Instrument für Schule und Hausmusik propagierte. Wahrscheinlich ist die Fotografie im Rahmen einer schulischen Aufführung entstanden. Mit dem Wirken des Verlegers Karl Vötterle (1903–1975), der seit 1927 in Kassel seinen „Bärenreiter-Verlag" leitete, war Kassel ein publizistisches Zentrum im Sinne der Bestrebungen einer mittlerweile historisch gewordenen „Jugendmusikbewegung".

Sendestelle Kassel

1925 wurde Kassel regionaler Standort des Senders Frankfurt – zwei Jahre nach dem offiziellen Beginn des Rundfunks in Deutschland. Zuerst in der Hauptpost in der Hohenzollernstraße, war er seit 1937 am Ständeplatz 3 angesiedelt. Die Bedeutung des Radios als erstes Massenkommunikationsmittel im 20. Jahrhundert kann gar nicht unterschätzt werden: nicht allein als Unterhaltungs- unc Informationsmittel. Schon in der Weimarer Republik war der politische Charakter des neuen Mediums offensichtlich. Mit der Machtübernahme durch die NSDAP expandierte das Programmangebot, verbesserte sich die technische Qualität und verringerten sich die Anschaffungskosten für Rundfunkempfänger – es vergrößerte sich aber auch die nahezu vollständige Inanspruchnahme des Mediums für das Regime. Neben Studioproduktionen fanden Reportagen „vor Ort" ein gesteigertes Interesse, die – wie die Aufnahme zeigt – auch einen kleinen Einblick in die Sendetechnik ermöglichten. Die Aufnahme entstand 1935 während einer der – vom Fotografen nicht genannten – zahlreichen Veranstaltungen auf dem Friedrichsplatz.

Große Kleinkunst

„Warum, warum ist die Banane krumm?" – so begann der Refrain eines Schlagers, der bis heute ein „Ohrwurm" und zugleich ein schönes Beispiel gepflegten und geistreichen Nonsens geblieben ist. Mit diesem Titel erlangte Bernard Etté nicht zuletzt durch massenhafte Verbreitung via Radio und Schallplatte eine europaweite Popularität. Bernard Etté – geborener Bernhard Ette – war ein Kasseler Kind vom Möncheberg und neben Peter Kreuder, Teddy Stauffer und Barnabas von Gesty einer der erfolgreichsten Tanzorchesterleiter in der klassischen Epoche dieses Unterhaltungsgenres. Café Däche, Stadtpark oder Hotel Reiss waren die bevorzugten Auftrittsorte bei Besuchen in seiner Heimatstadt.

Die Fotografie ist 1935 in einer der genannten Lokalitäten entstanden und dokumentiert das rege Publikumsinteresse, das die Etté'sche Könnerschaft in der „leichten Muse" gefunden hat.

P.S. Um die oben gestellte Frage zu beantworten: „Wenn die Banane grade wär, wär's keine Banane mehr."

Bunter Abend

Unter dem Titel „Bunter Abend" etablierte sich in den ersten Jahrzehnten des 20. Jahrhunderts eine Form der öffentlichen Unterhaltung, deren wichtigstes Merkmal unter dem Dichterwort stehen konnte: „Wer vieles bringt, wird manchem etwas bringen".

Am französischen Varieté orientiert, konnte der Besucher trotz der offenen Programmfolge mit Musik, Artistik und Tanz rechnen – ebenso mit einen Conférencier in eleganter Abendgarderobe, der mit mehr oder weniger geglückten Witzen das Programm begleitete und kommentierte. Und was auf keinen Fall fehlen durfte: Tiere. Mitte der dreißiger Jahre demonstrierte ein Dompteur Eleganz, Agilität und Harmonie in einer gemischten Nummer aus Hunden und Ziegen. Ort des Geschehens: der Stadtpark, Wilhelmsstraße 6, der in Kassel als vielbesuchter Veranstaltungsort eine ähnliche Rolle spielte wie die stilbildenden Vorbilder Scala oder Wintergarten in Berlin.

Tanzstunde

„Ernst Riebeling – Carl Ernst Riebeling
Schule für Gesellschaftstanz – Volkstanz – Kunsttanz – Gymnastik
Ständeplatz 5"

Unter dieser Anzeige annoncierte noch bis in die Nachkriegsjahre eine der erfolgreichsten Tanzschulen der Stadt. Der Tanzstundenbesuch zählte zu den fast obligatorischen Pflichten für ein juveniles bürgerliches Publikum. Neben dem Erlernen der gängigen Gesellschaftstänze war die Tanzstunde auch ein gern genutzter Ort erster offizieller sozialer Kontakte mit dem anderen Geschlecht, verbunden mit der Einübung gepflegter gesellschaftlicher Etikette. Das Foto aus dem Jahre 1935 zeigt Carl Riebeling mit Partnerin als „Schwälmer Tanzpaar". Die Pflege nordhessischer Folklore entsprach durchaus dem Geist der Zeit und war demgemäß auch im Angebot der Schule vertreten, gleichberechtigt neben der Gymnastik als ein Moment eines modernen zeitgemäßen Körperbewusstseins.

Mythos und Gobelins

Das „Kulturhaus am Königsplatz" wurde 1936 als repräsentativer Ausstellungsort in der Hand der „NS-Kulturgemeinde" im Gebäude des alten Palais Schlieffen eröffnet.

Im Dezember dieses Jahres präsentierte Franz Stassen (1869-1949) - auf dem Foto Vierter von rechts - mehrere Gobelins mit Motiven aus der germanischen Mythologie. Stassen, der in vergleichbarem Stil auch Märchen der Brüder Grimm illustrierte, stand dem Bayreuther Kreis um Cosima und Siegfried Wagner nahe und zählte zu den künstlerischen Verfechtern einer „neugermanischen Religiosität". Die Gobelins waren ein Auftrag Adolf Hitlers und als Wandschmuck für die im Entstehen begriffene Berliner Reichskanzlei gedacht und wurden in Kassel zuerst einer - wie das Foto vermittelt - erstaunten Öffentlichkeit präsentiert.

Deutsche Trauung

Als Ersatz für christliche Trauungen propagierte das NS-Regime die „Ehe-Weihe", die sich in Symbolik und Ritual an scheinbar „arisch-germanischen" Traditionen orientierte. Die Feiern fanden zumeist nach der pflichtgemäßen Zeremonie im Standesamt statt. Mitte der dreißiger Jahre wurde Carl Eberth fotografischer Zeuge einer solchen Veranstaltung in neuheidnischem Geiste. Ort des Geschehens: das Kulturhaus am Königsplatz, das unter der Regie der NS-Kulturgemeinde stand. Die Räume atmen noch das klassizistische Flair des ehemaligen Palais Schlieffen. Zeremonien dieser Art sind eher ein Randphänomen geblieben, das nur bei gläubigen Anhängern der NS-Ideologie auf Resonanz stieß – trotz zunehmender Säkularisierung konnten kirchliche Trauungen im bürgerlichen Leben ihren Rang bewahren.

Bischofsbesuch

Die Machtübernahme der NSDAP führte zu einer Neubestimmung des Verhältnisses des „Völkischen Staates" zu der evangelischen Kirche. Seit September 1933 fungierte als neu installierter Reichsbischof Ludwig Müller (1883–1945), der die organisatorische und auch theologische Gleichschaltung des deutschen Protestantismus im Sinne der regimekonformen „Deutschen Christen" betrieb.

An einem Sonntag des Jahres 1935 verließ nach Gottesdienst und Predigt der Reichsbischof die Martinskirche und stieß bei den Gläubigen auf einen regen Zuspruch.

Statt eines Nachworts

Vor dem Sturm

Im Laufe der dreißiger Jahre verstärkte der Reichsluftschutzbund seine Aktivitäten zum Zivilschutz. Neben Informationen in Zeitungen und auf Plakaten sowie Ausstellungen im Landesmuseum fanden regelmäßig Luftschutz- und Bergungsübungen statt – in der Sprache der Zeit „Aufklärung über Gefahren und Gefahrenabwehr" – mit praktischen Übungen, die vor allem Feuerlöschübungen, Flucht aus dem Keller, medizinische Erstversorgung wie Wiederbelebung und Erste Hilfe umfassten.

Am Rande einer Übung vermittelt ein Luftschutzwart im persönlichen Gespräch das als notwendig angesehene Wissen (links). Ebenso stand der sachgemäße Umgang mit Gasmasken im Mittelpunkt der Ausbildung, die auch speziell für Frauen angeboten wurde. Unter den Wegweisern einer Kreuzung und vor einer Häuserfront, die wenige Jahre später zerstört sein wird, haben fünf Luftschutzhelfer in korrekter Weise die Schutzmaske angelegt (rechts).

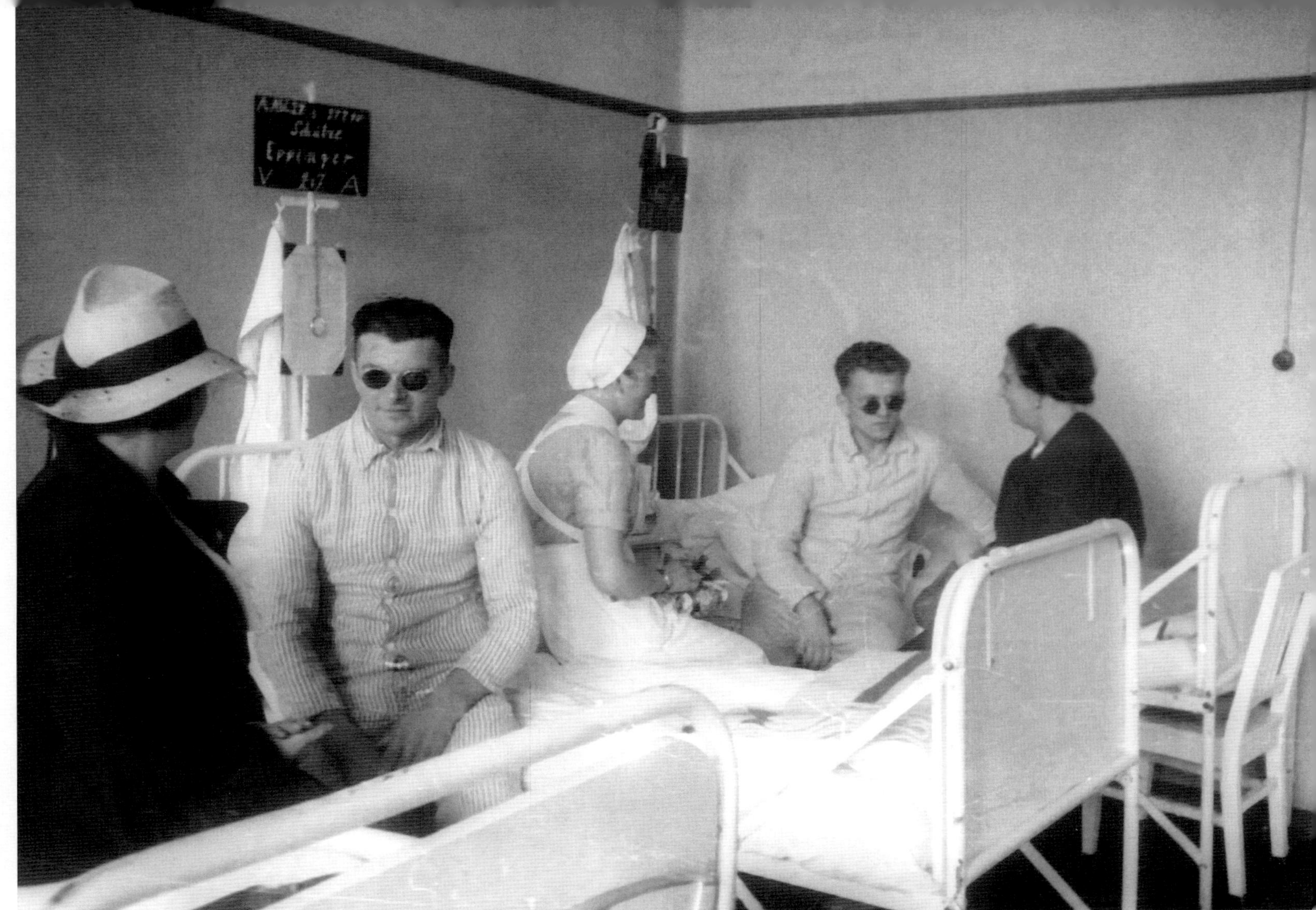

Besuch bei Verwundeten

Die Konfrontation mit den Folgen eines Krieges vollzog sich für die Bevölkerung schrittweise. Das in Kassel stationierte Infanterieregiment 15 war am sogenannten Polenfeldzug des Septembers 1939 für einige Wochen beteiligt. Mit frenetischem Beifall wurde die Rückkehr vom „Blitzkrieg" am 22. September gefeiert. Mit dem Militär kehrte allerdings auch eine größere Anzahl von Verwundeten zurück. Ein Jahr später – im August 1940 – fand die erste Beerdigung Kasseler Bombenopfer statt. Ebenfalls 1940 begleitete Carl Eberth Angehörige zu einem Besuch bei Verwundeten in das Diakonissenhaus. Die Aufnahme vermittelt noch den Charakter einer individuellen Betreuung in einem zivil anmutenden Krankenhaus. Die bevorstehenden Schrecken eines anonymisierten Massensterbens an der Front wie in den Städten dürfte jenseits der Vorstellungskraft der Beteiligten gelegen haben.

Weitere Bücher über Ihre Stadt

Alt-Kassel –
Bilder, die Geschichte erzählen
Mit Fotografien von Carl Eberth
Frank-Roland Klaube
96 Seiten, zahlreiche S/w-Fotos
ISBN 978-3-8313-2265-7

Trümmer, Tod und Tränen
Überlebensberichte aus der
Kasseler Bombennacht 1943
Thomas Siemon
64 Seiten, zahlr. S/w- und Farbfotos
ISBN 978-3-8313-3215-1

Kassel – documenta-Stadt
deutsch / english / français
Iris Endisch
64 Seiten, zahlr. Farbfotos
ISBN 978-3-8313-2512-2

Geschichten und Anekdoten aus Kassel
Schwer was los im Ahlen Nest!
Jürgen Nolte
80 Seiten, zahlr. S/w-Fotos
ISBN 978-3-8313-2454-5

Kassel-Comic: Ephesus und Kupille
Die Entführung des Herkules
Horst Seidenfaden, Niko Mönkemeyer
48 Seiten, zahlr. farbige Illustrationen
ISBN 978-3-8313-2990-8

Kassel-Comic: Ephesus und Kupille, Band II
Der Bratwurstkrieg zur Doggemenda
Horst Seidenfaden, Niko Mönkemeyer
48 Seiten, zahlr. farbige Illustrationen
ISBN 978-3-8313-3214-4

Wartberg-Verlag GmbH Bücher für Deutschlands Städte und Regionen
Im Wiesental 1 | 34281 Gudensberg Tel. 0 56 03-93 05 0
www.wartberg-verlag.de Fax 0 56 03-93 05 28